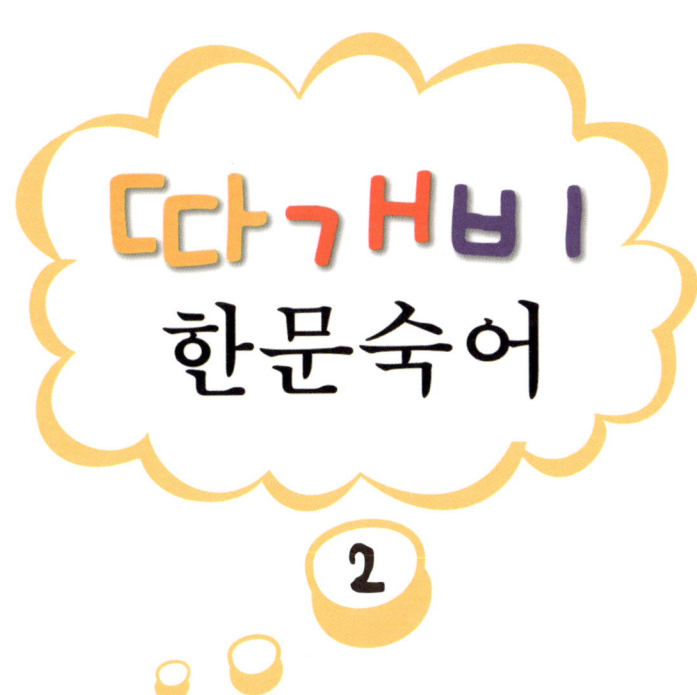

따개비 한문숙어 · 2

2025년 2월 10일 초판 19쇄 발행

글 · 그림 | 오원석
펴낸이 | 우종갑
펴낸곳 | 늘푸른아이들
주소 | 서울시 도봉구 도봉로 137길 55, 202호 (쌍문동 한신스마트빌)
전화 | 02-922-3133
팩스 | 02- 6016-9815
홈페이지 | www.greenibook.com
출판등록 | 2002년 9월 5일 제16-2840호

ⓒ 오원석 2002

ISBN 978-89-90406-02-1
ISBN 978-89-90406-08-0(세트)
잘못된 책은 바꾸어 드립니다.
이 책에 실린 내용과 사진을 무단전재와 복제를 금합니다.

품명: 도서 | 전화번호: 02-922-3133 | 제조년월: 2025년 2월
제조국명: 대한민국 | 제조자명: 늘푸른아이들
주소: 서울시 도봉구 도봉로 137길 55, 202호 | 사용 연령: 10세 이상
• KC마크는 이 제품이 공통안전기준에 적합하였음을 의미합니다.

따개비 한문숙어

글·그림 오원석

2

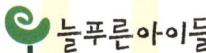

■ 추천사

돌 하나로 네 마리 새를

과자로 지은 집에 살면서 만화로 엮은 책으로 공부를 한다면 얼마나 신나고 재미있을까요. 어린이들은 그런 동화의 나라로 찾아가 살고 싶은 꿈을 지니고 있습니다.

오늘날의 어린이들은 읽을 것과 배울 것이 너무도 많습니다. 어른들은 어린이더러 '내가 어릴 때는 참 공부를 잘했다'라고 자랑하며 본받으라고 하시지만 그건 어른들이 몰라서 하는 말씀입니다.

왜냐하면 어른들의 어린 시절에는 공부하는 내용이 단조로웠기 때문입니다. 날마다 날마다 놀라운 속도로 발전하는 오늘날에는 새로운 이치와 기술과 정보가 홍수처럼 쏟아지고 공부해야 할 내용도 더 많아지고 복잡해지고 어렵게 되었습니다.

그러므로 이 많은 것을 배우는 데 있어서 알기 쉽고 재미있게 가르쳐 줄 것은 생각지 않으시고 그저 공부하라고만 외치십니다.

그렇습니다. 무거운 공부를 가벼운 마음으로 효과 있게 하는 방법을 어른들은 어린이들을 위하여 생각해 내어야 할 것입니다.

바로 그러한 방법의 하나로 이루어진 것이 소년한국일보와 월간 '학생과학'에 연재되었고, 이번에 책으로 나오게 된 〈따개비 한문 숙어〉입니다. 이 책은 어른들도 어려워하던 한문을 아주 쉽고 재미있게 공부할 수 있도록 엮었습니다.

　한문 숙어 가운데 一石二鳥(일석이조)란 글귀가 있습니다. 돌 한 개로 한꺼번에 새 두 마리를 잡는다는 뜻이지요. 바꾸어 말하면 한 가지 일을 하여 두 가지 이익을 본다는 뜻입니다. 이 책을 읽은 어린이들은 一石二鳥(일석이조)가 아니라 一石四鳥(일석사조)의 유익함을 얻게 될 것입니다.

　첫째로는 한자 공부가 저절로 되어 머리에 쏙쏙 들어가고, 둘째로는 만화 내용 그대로가 우습고 재치가 있어서 재미를 느낄 수 있습니다.

　또 셋째로는 다루어진 소재가 시사적인 것이 많아 세상의 형편을 알 수가 있고, 넷째로는 흥미 있게 공부하는 사이 어린이의 생각이 넓어져서 상식이 풍부해지고 교양 있는 어린이가 되어 그 한문 숙어를 표현하고 활용할 수 있게 되기 때문입니다.

　진실로 한문을 모르고서는 말과 글의 깊은 뜻을 알 수가 없고, 날이 갈수록 안타까워짐을 어른들에게 물어 보면 잘 알수 있을 겁니다. 한문은 우리 조상의 슬기와 겨레의 문화 속에 깊이 괴어 있습니다. 외국어 공부보다 더 먼저 더 많이 해야 할 공부입니다.

　이렇게 중요하고 따라서 꼭 배워야 할 한문 숙어를 인기 만화가 오원석 씨가 만화 속에 담아서 쉽게 깨닫고 익히도록 해준 것은 정말 고맙고 반가운 일이 아닐 수 없습니다.

전소년한국일보 사장·색동회 회장 **김수남**

차 례

■추천사 돌 하나로 네 마리 새를 ……… 4

갑남을녀	8	망년지교	52
거두절미	10	망연자실	54
건곤일척	12	망자계치	56
견물생심	14	망중한	58
경거망동	16	매점매석	60
경적필패	18	맹모삼천	62
경천동지	20	명경지수	64
계륵	22	백계무책	66
고량진미	24	백년지객	68
골육상쟁	26	백년해로	70
과대평가	28	백미	72
낙담상혼	30	백발백중	74
낙락장송	32	백안시	76
낙양지가귀	34	비일비재	78
난형난제	36	사족	80
단장	38	사지	82
당구풍월	40	사통팔달	84
당연지사	42	사필귀정	86
대경실색	44	사후약방문	88
대기만성	46	산전수전	90
대기소용	48	산천의구	92
대동소이	50	산해진미	94

살신성인	96		정중지와	140
삼삼오오	98		종두득두	142
완벽	100		좌충우돌	144
요원지화	102		주지육림	146
요지부동	104		중과부적	148
우이독경	106		중언부언	150
위기일발	108		천진난만	152
위인설관	110		천하영재	154
음덕양보	112		천학비재	156
의기소침	114		철두철미	158
의기양양	116		청이불문	160
의심암귀	118		탁상공론	162
이구동성	120		탄우지기	164
이덕보원	122		파죽지세	166
인생조로	124		파천황	168
인지위덕	126		팔방미인	170
일구난설	128		허심탄회	172
일구월심	130		형우제공	174
일기당천	132		호가호위	176
절차탁마	134		호구지책	178
절치부심	136		호사다마	180
점입가경	138		호소무처	182

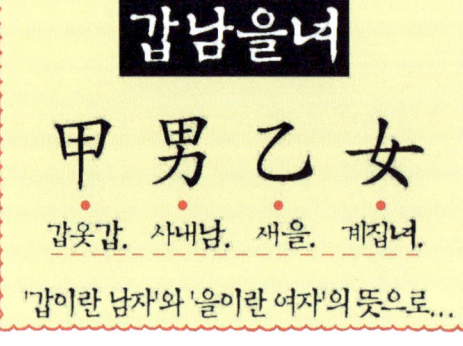

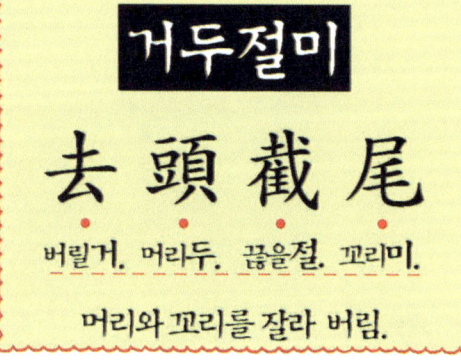

乾坤一擲
건곤일척

건곤일척

乾坤一擲

하늘건. 땅곤. 한일. 던질척.

하늘과 땅을 걸고 승부를 겨룸.

견물생심

見 物 生 心

볼견. 물건물. 날생. 마음심.

물건을 보면 욕심이 생김.

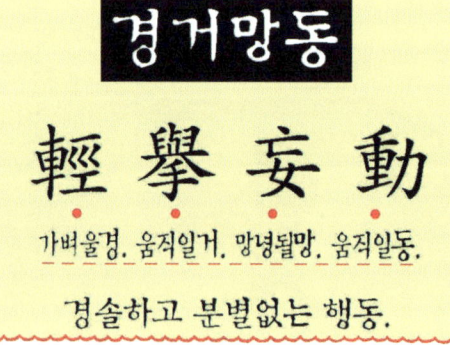

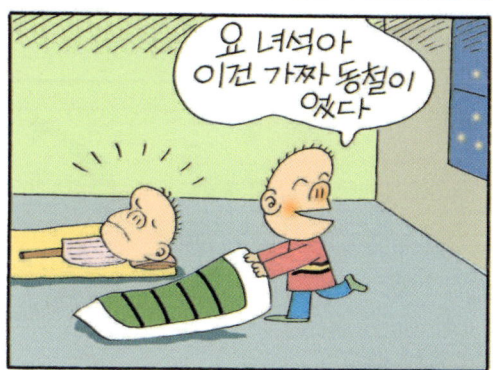

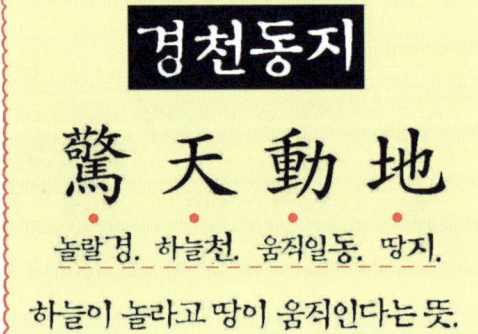

鷄 肋
계 륵

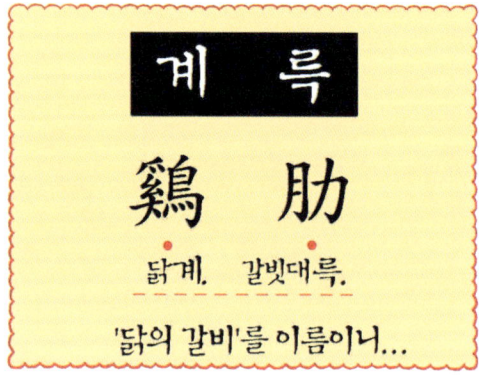

膏粱珍味
고량진미

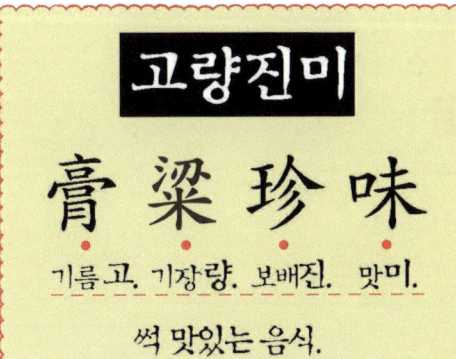

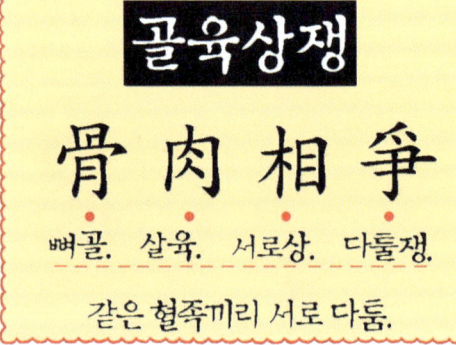

過大評價
과대평가

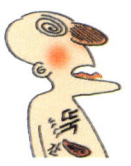

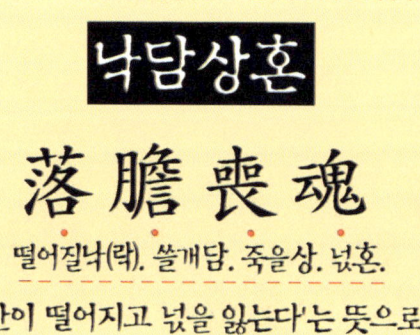

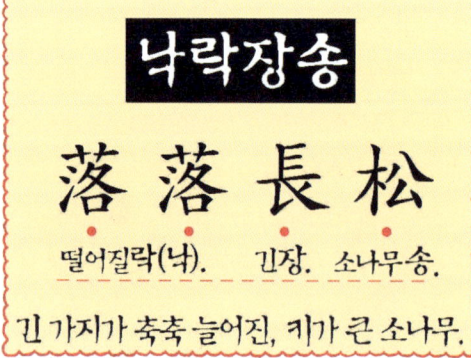

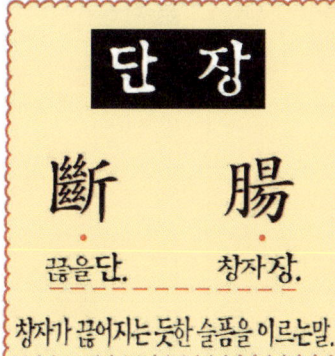

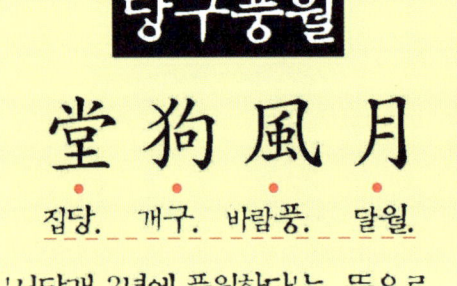

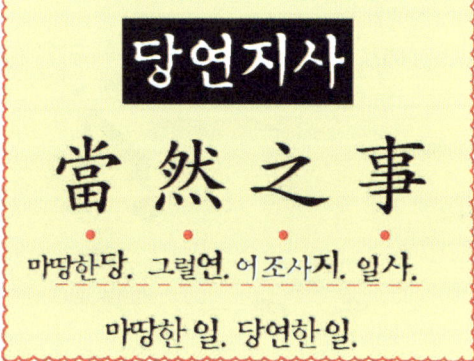

大驚失色
대경실색

대경실색

大 驚 失 色
큰대. 놀랄경. 잃을실. 빛색.

몹시 놀라서 얼굴 빛을 잃음.

대기만성

大器晩成

큰대. 그릇기. 늦을만. 이룰성.

크게 될 사람은 늦게 성공한다는 비유.

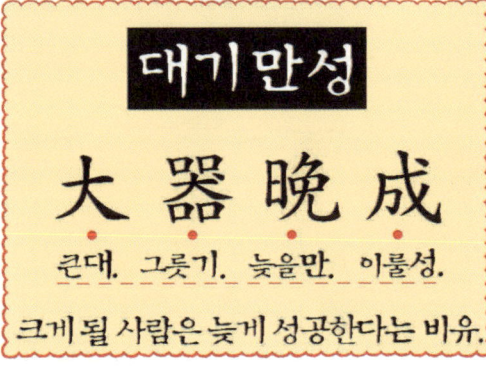

大器小用
대기소용

대기소용

大器小用
큰대. 그릇기. 작을소. 쓸용.

큰그릇을 작게 쓴다는 뜻으로

큰 인물을 말직에 앉힘의 비유.

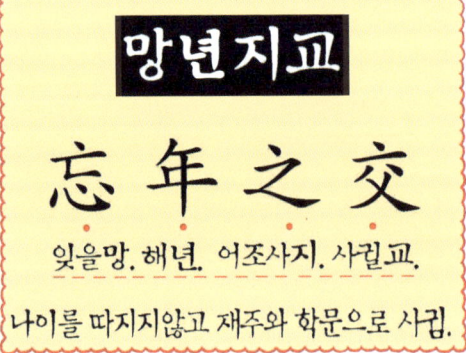

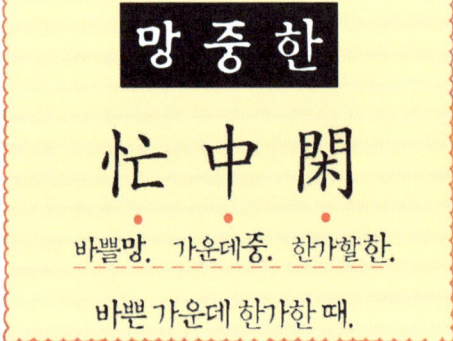

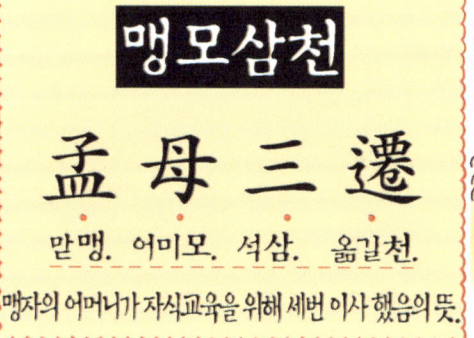

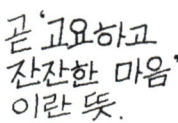

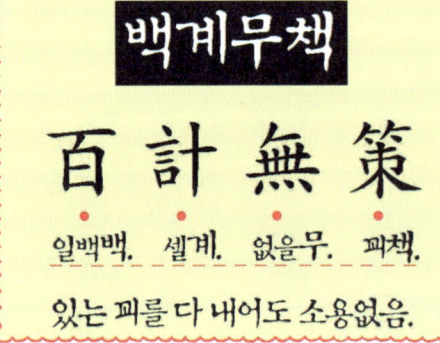

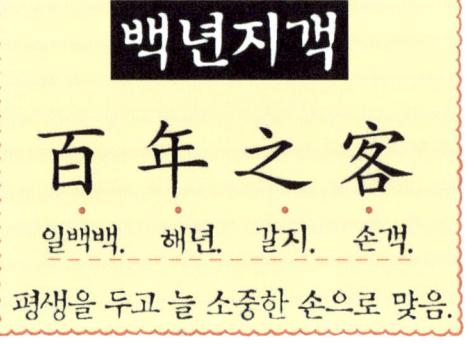

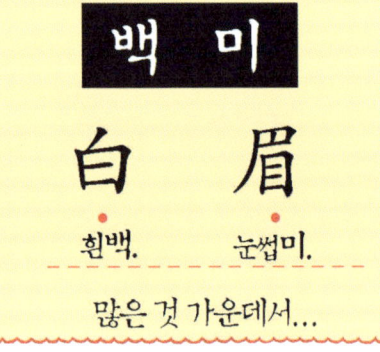

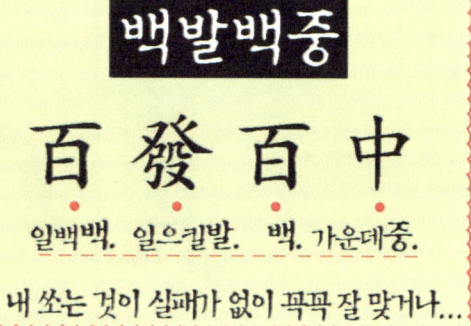

白眼視
백안시

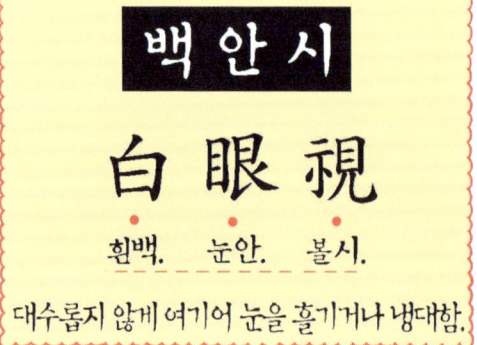

백안시

白眼視

흰백. 눈안. 볼시.

대수롭지 않게 여기어 눈을 흘기거나 냉대함.

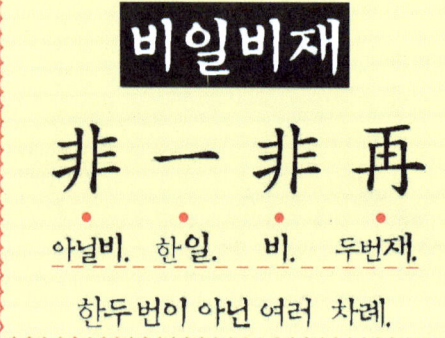

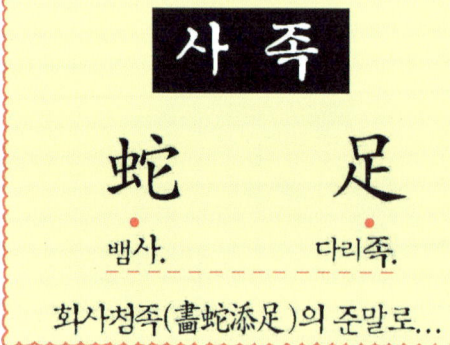

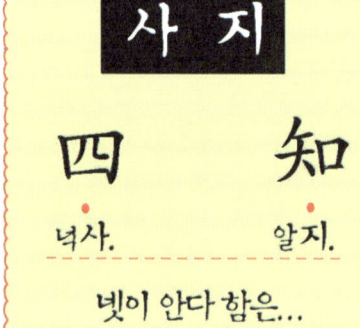

事必歸正
사필귀정

死後藥方文
사후약방문

사후약방문

死後藥方文

죽을사. 뒤후. 약약. 모방. 글문.

죽은 후에 약을 구한다는 뜻으로...

때가 지난후 어리석게 소용 없는 애씀을 비유한 말.

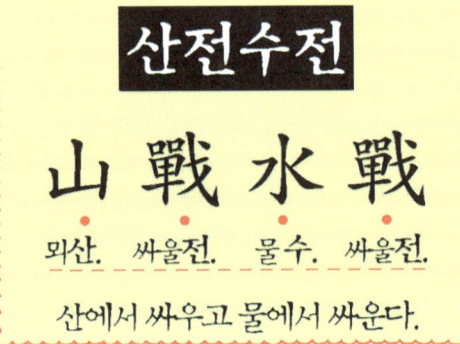

山海珍味
산해진미

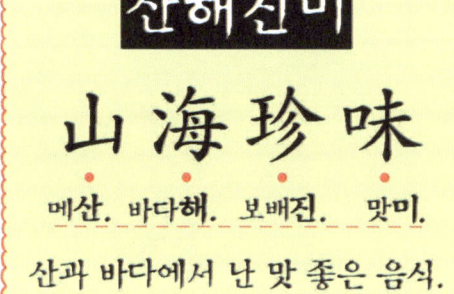

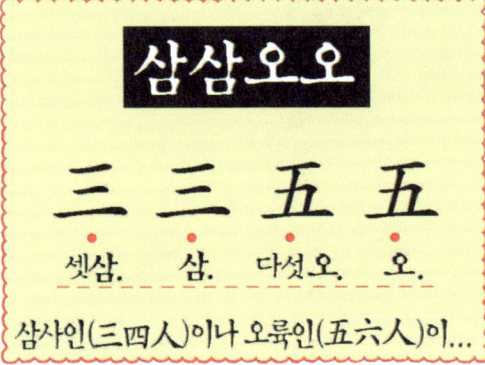

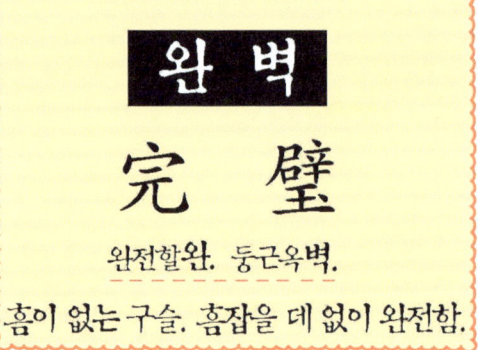

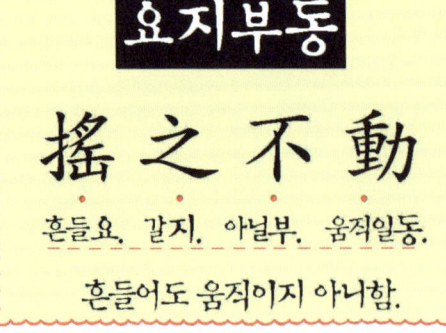

牛耳讀經
우이독경

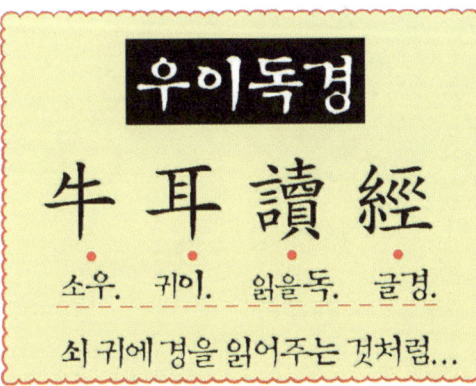

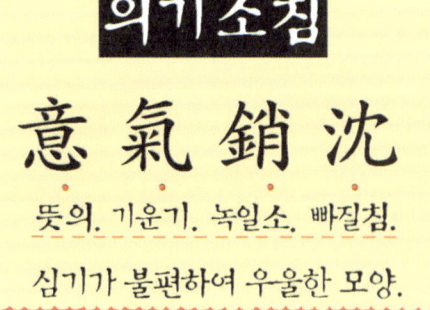

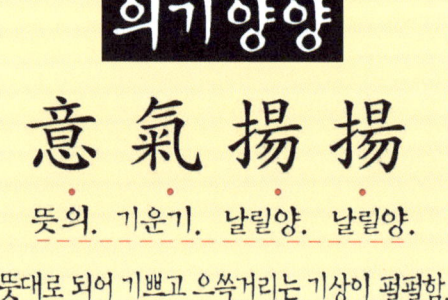

疑心暗鬼
의심암귀

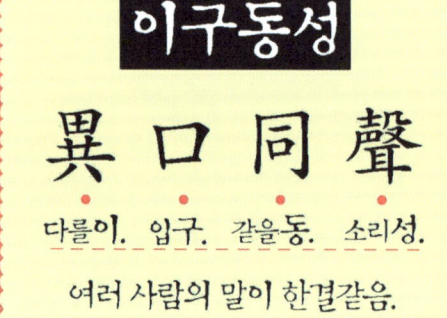

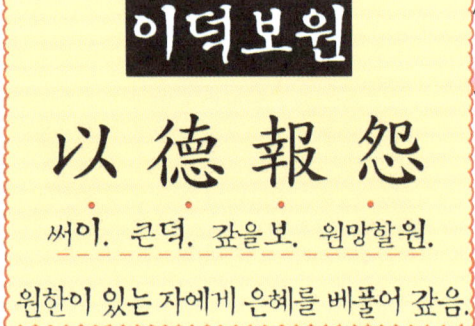

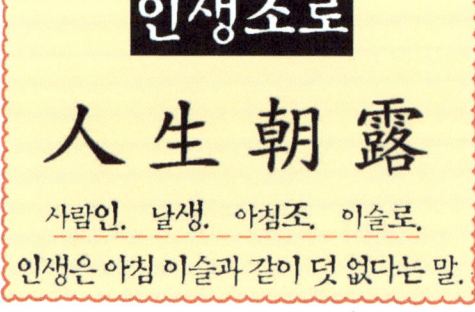

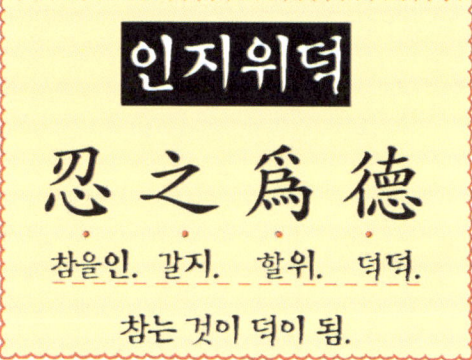

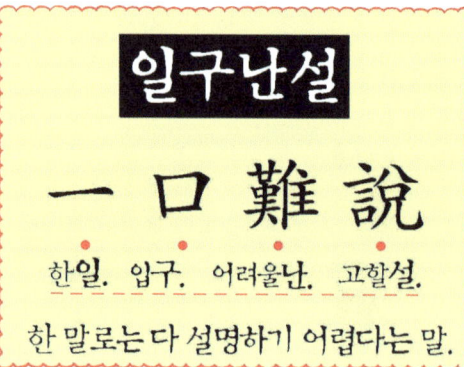

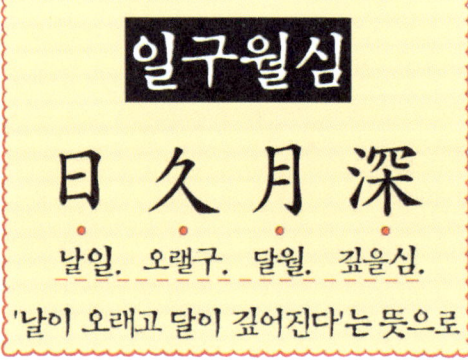

一騎當千
일기당천

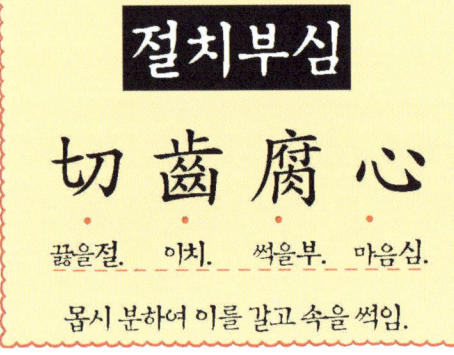

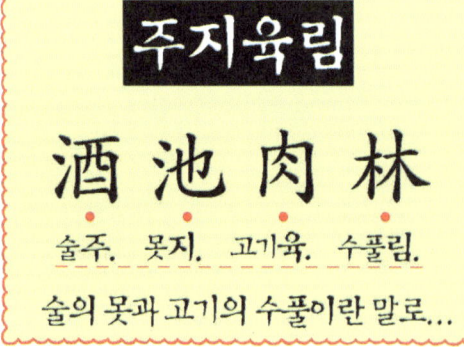

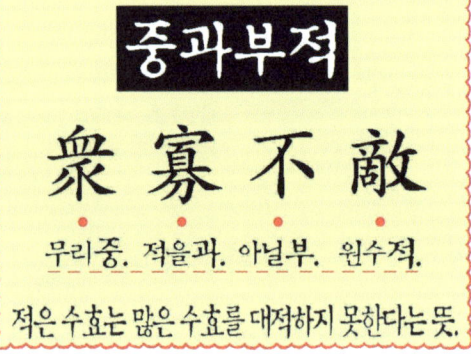

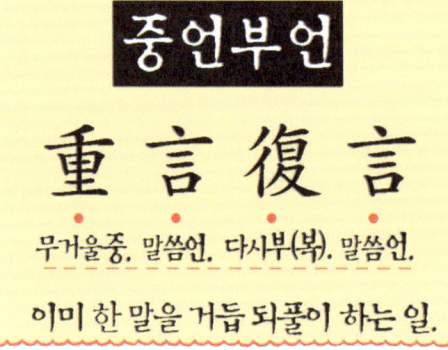

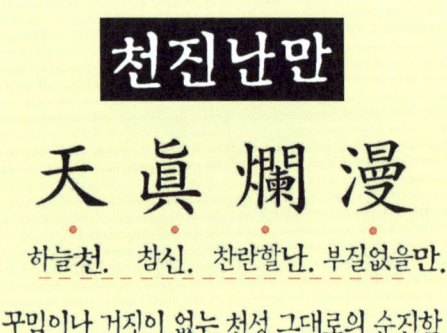

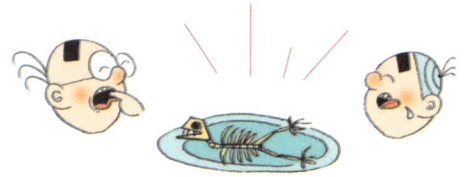

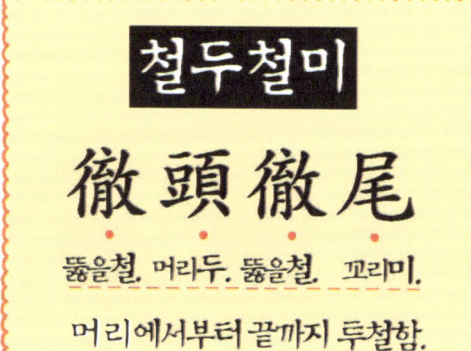

聽而不聞
청이불문

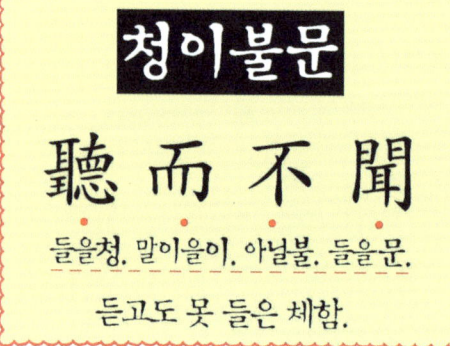

청이불문

聽而不聞

들을청. 말이을이. 아닐불. 들을문.

듣고도 못 들은 체함.

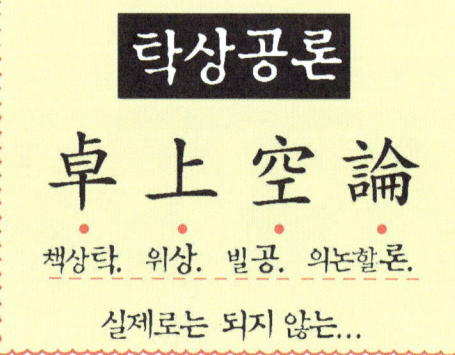

破竹之勢
파죽지세

파죽지세

破竹之勢

깨뜨릴파. 대죽. 어조사지. 형세세.

대쪽을 깨뜨리는 것과 같은 형세.

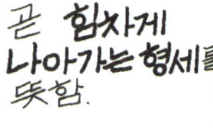

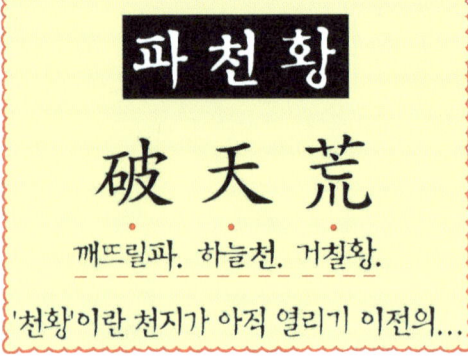

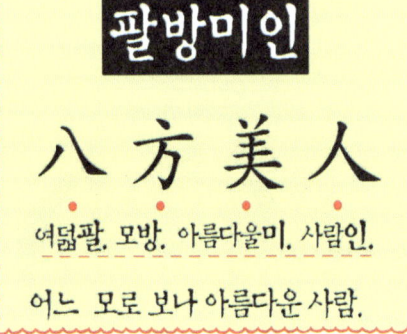

狐假虎威
호가호위

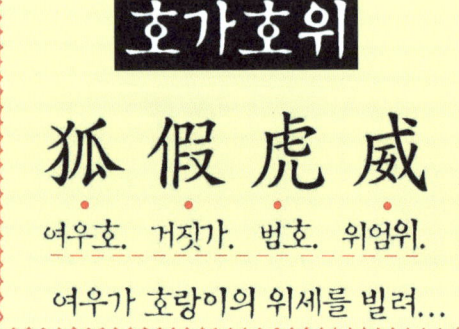

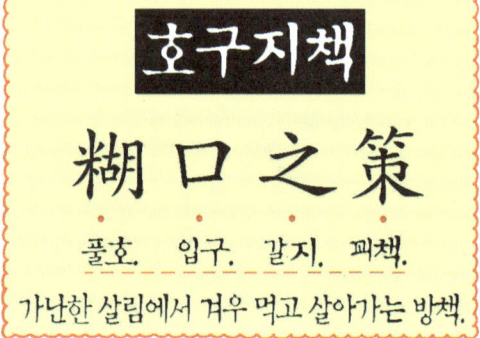

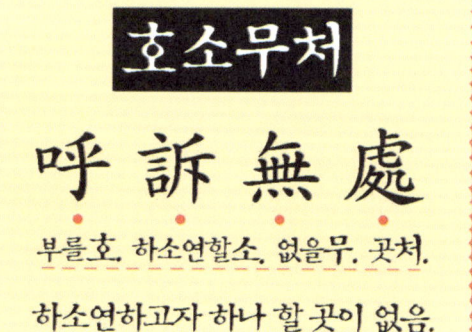